Neue Lieblingsgeschichten
zum Lesenlernen

Neue Lieblings-geschichten
zum Lesenlernen

CARLSEN

Noch mehr Geschichten für Leseanfänger*innen:
Abenteuerliche Mutgeschichten zum Lesenlernen
Spannende Piratengeschichten zum Lesenlernen
Freche Pferdegeschichten zum Lesenlernen

MIX
Papier aus verantwortungsvollen Quellen
FSC® C083411
FSC
www.fsc.org

Sonderausgabe
Veröffentlicht im Carlsen Verlag
Mai 2020
Antje Schwenker: Eine Nacht im Zelt

Illustrationen: Sigrid Leberer
Manuela Mechtel: Otto auf der Ritterburg

Illustrationen: Peter Friedl
Ulrike Pohlmann: Kükenalarm auf dem Bauernhof

Illustrationen: Irmtraut Teltau
Manuela Mechtel: Das beste Fahrrad der Welt

Illustrationen: Gerhard Schröder
Umschlaggestaltung: formlabor
Corporate Design Taschenbuch: bell étage
ISBN 978-3-551-31916-6

Inhalt

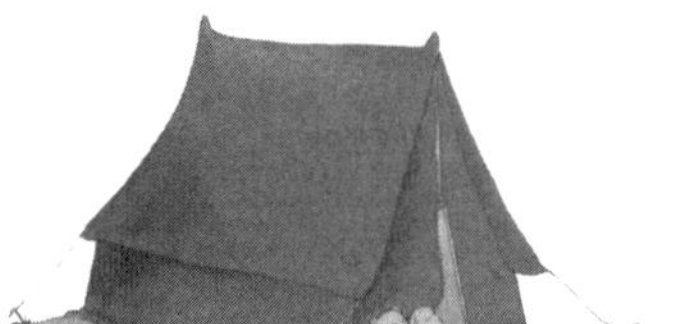

Eine Nacht im Zelt

Eine Geschichte von Antje Schwenker
mit Bildern von Sigrid Leberer

Endlich Ferien!

Oben auf dem  sitzen

Hanna und ihr Bruder Anton.

Sie haben Ferien. Endlich!

Die  scheint, aber die beiden

sehen traurig aus.

„Lukas fährt nach Italien,

mit dem  “, sagt Anton.

„Und Jule fliegt mit dem 

nach Spanien.“

Weil Oma krank im 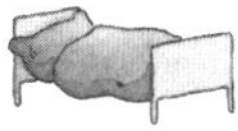 liegt,

bleiben Anton und Hanna zu Hause.

Hanna pflückt .

„Komm, wir spielen

mit dem “,

sagt Hanna zu ihrem Bruder.

Anton setzt das  Lola

ins Gras.

Aber Lola versteckt sich

in ihrem .

Das Turnen auf dem 

macht ohne Freunde keinen Spaß.

Sogar das  bleibt

in der Ecke liegen.

Da fährt Lukas im  vorbei:

„Bis in zwei Wochen!“,

ruft er und winkt.

Nur die  lacht.

„Ich habe eine Idee!“,

ruft Hanna.

„Mit dem 

spielen wir Verreisen."

„Wir brauchen einen ",

sagt Anton begeistert.

„Und die  nicht vergessen!"

Sie sausen los.

Der  wundert sich.

Ein  fliegt

vor Schreck davon.

Leserätsel

Wohin fährt Lukas? Kreuze an.

S Nach Spanien 

Z Nach Italien 

P Nach Frankreich 

Wie verreist Jule?

O Mit der Bahn 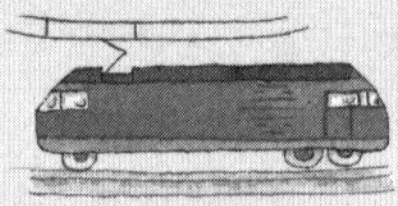

A Mit dem Wohnmobil 

E Mit dem Flugzeug 

Warum bleiben Hanna und Anton zu Hause?

L Weil Oma krank ist.

M Weil Opa krank ist.

N Weil das Auto kaputt ist.

Wie heißt das Meerschweinchen?

E Lila

G Lolli

T Lola

Die Buchstaben neben den richtigen Antworten ergeben ein Lösungswort: __ __ __ __

Zelten ist ein Abenteuer!

Anton holt das 

und die 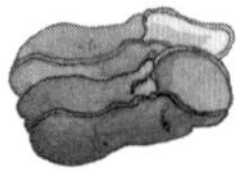 .

Hanna bekommt von Mama

eine  Limonade und zwei  .

Und eine Tüte  . Lecker!

Das  soll vor dem

 aufgebaut werden,

gleich neben der Sandkiste.

Papa hilft ihnen.

Mit dem  schlägt er

 in die Erde.

Das  ist rot wie ein .

Gleich sind sie fertig.

Nicht einmal der 

von nebenan bemerkt

die dicken  am Himmel.

Mit 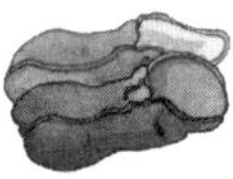, Kissen und Decken

sieht es im  richtig kuschelig aus.

Sogar der Käfig des 

passt in die Ecke.

Nur noch Tom 

und Timo  fehlen.

Dann ist das 

fertig für die Nacht.

Anton und Hanna kriechen in

die 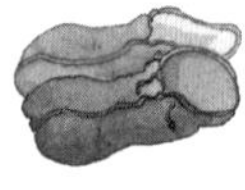 .

Sie finden alles sehr spannend.

Die  ist untergegangen.

Hanna sieht  am Himmel.

Flattert dort eine  ?

Hanna schüttelt sich.

Sie mag keine  .

Mama und Papa sagen gute Nacht.

Leserätsel

Was brauchen Hanna und Anton zum Zelten? Kreuze an.

F	Schlafsack	P	Springseil
T	Gummistiefel	R	Hammer
S	Schnuller	I	Heringe
E	Kopfkissen	G	Hummer

Nebenan wohnt ...

A ein Dackel 

O ein Riesenschnauzer 

U eine Katze 

E ein Schäferhund 

Welches Tier mag Hanna nicht?
Kreuze es an.

G 

N 

T 

X 

Die Buchstaben neben den richtigen Antworten ergeben ein Lösungswort: __ __ __ __ __ __

Im Dunkel der Nacht

Im  ist es unheimlich.

Hanna erzählt eine Geschichte

von einem .

Anton gruselt sich.

Das  raschelt im Käfig.

Es ist fast dunkel.

Nur die  leuchtet.

Jedes Knacken ist lauter als sonst.

War das ein ?

Plötzlich wird es hell.

„Ein  !“, flüstert Anton.

Schon donnert es.

Das  knarrt.

Ist da jemand?

Der  nebenan bellt.

„Das  hat Angst“,

sagt Hanna leise.

Auf das  fallen erste Tropfen.

Anton öffnet den 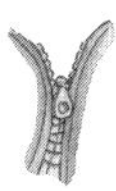 .

„Komm, wir laufen ins Haus“,

sagt Hanna.

Noch ein  leuchtet auf.

Mit der  schauen sich

Anton und Hanna um.

Eine  kriecht über den Weg.

Ein Igel huscht unter einen Busch.

Im Dunkeln sieht der Baum aus

wie ein .

„Drinnen ist es gemütlicher“, sagt Anton.

Hanna sagt: „Wir dürfen das

 nicht vergessen!“

Papa wartet schon an der Tür.

„Lola hat Angst“, sagt Anton.

Mama bringt sie ins 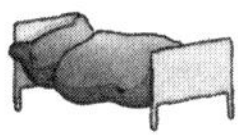 .

Das 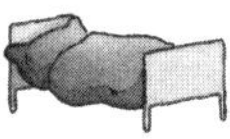 ist warm und weich.

Hanna und Anton gähnen.

Sogar das  gähnt.

Es rollt sich in seinem 

zusammen und schläft ein.

„Morgen schlafen wir wieder

im  “,

murmelt Hanna müde.

„Aber ohne  “, sagt Anton.

„Sonst hat es wieder

Angst vor einem  !“

Wörterliste

 Klettergerüst

 Sonne

 Wohnmobil

 Flugzeug

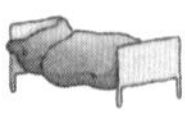 Bett

 Löwenzahn

 Meerschweinchen

 Häuschen

 Skateboard

 Zelt

 Schlafsack

 Taschenlampe

 Gartenzwerg

 Schmetterling

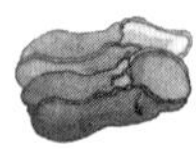 Schlafsäcke

 Flasche

Becher

Kartoffelchips

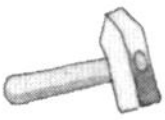
Hammer

Heringe

Feuerwehrauto

Schäferhund

Wolken

Hase

Teddy

Sterne

Fledermaus

Fledermäuse

Gespenst

Eichhörnchen

Blitz

Reißverschluss

Schnecke

Infoseite

Das alles brauchst du für
eine gemütliche Übernachtung
im Garten:

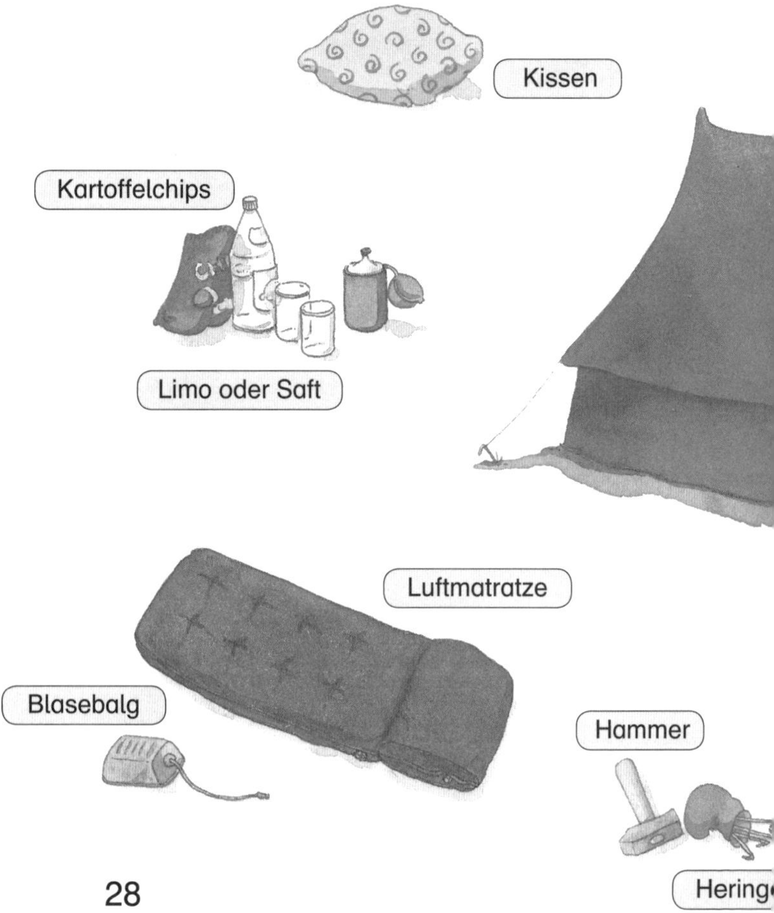

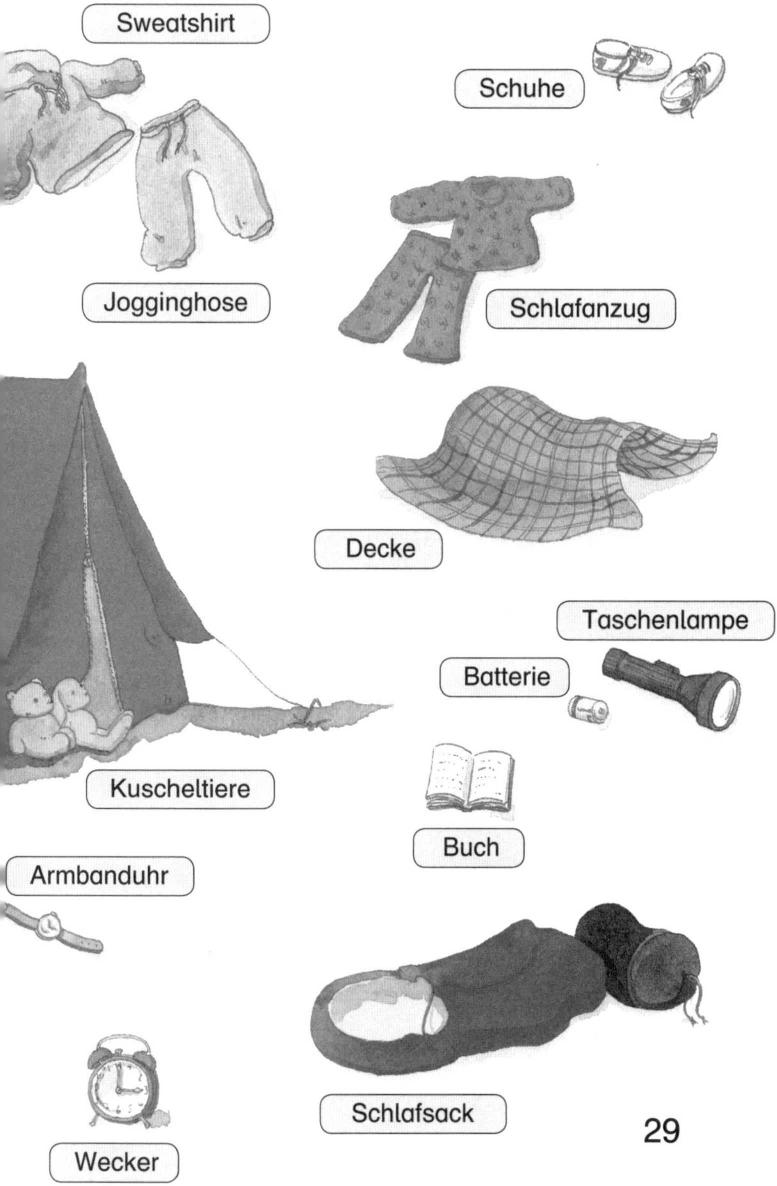
Sweatshirt
Schuhe
Jogginghose
Schlafanzug
Decke
Taschenlampe
Batterie
Kuscheltiere
Buch
Armbanduhr
Schlafsack
Wecker

Lösungen

S. 18/19:

Schlafsack, Kopfkissen, Hammer, Heringe.
Nebenan wohnt ein Schäferhund.
Hanna mag keine Fledermäuse.
Lösungswort: **FERIEN**

S. 12/13:

Lukas fährt nach Italien.
Jule verreist mit dem Flugzeug.
Hanna und Anton bleiben zu Hause,
weil Oma krank ist.
Das Meerschweinchen heißt Lola.
Lösungswort: **ZELT**

Otto auf der Ritterburg

Eine Geschichte von Manuela Mechtel
mit Bildern von Peter Friedl

Auf der Burg

Der  rasselt mit seiner .

Davon wird Otto wach.

Sein Vater bringt gerade

einen  voll .

Der  hat Durst. Er trinkt viel.

Otto auch.

Die  ist schon aufgegangen.

Otto läuft zur Küche. Er ist erst seit

gestern auf der .

„Da bist du ja!“, freut sich Kuno.

Er ist so alt wie Otto: 7 Jahre.

Auf dem 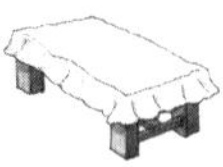 steht

eine  Haferbrei für alle.

Otto hat seinen  mitgebracht.

Er langt zu.

Die Küche riecht nach Rauch.

Ein ganzes  am Spieß

hängt über dem  im Kamin

für das Fest heute Abend.

„Komm, ich zeig dir die “,

schlägt Kuno vor.

Er ist Page beim Burgherrn,

 Roland.

Ein Page dient dem 

und wird später selbst einer.

Kuno hat ein  aus Holz.

Kuno lernt schreiben und reiten.

Er hat ein eigenes 

und eine eigene  für seine Sachen.

Otto staunt.

Er schläft immer auf .

Ein  kennt er nicht.

Leserätsel

Was stimmt? Kreuze an.

Der Bär trinkt

[S] Limo

[T] Wasser

[P] Bier

Was gibt es in der Küche zu essen?

[A] Müsli

[O] Haferbrei

[U] Pommes frites

Was bringt Otto zum Essen mit?

P Einen Teller

N Eine Gabel

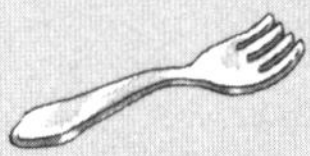

R Einen Löffel

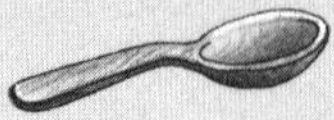

F Ein Tischtuch

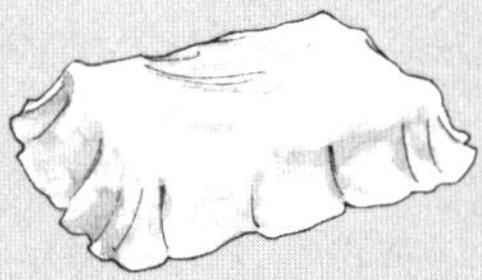

Die Buchstaben neben den richtigen Antworten ergeben ein Lösungswort:

— — —

Das Turnier

Ottos Eltern haben ein 

und einen .

Der  läuft immer zu 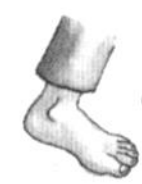.

Er kann tanzen.

Ottos Mutter macht Musik

mit ihrer Fiedel.

Ottos Vater kann  spucken

und mit   jonglieren.

Das kann Otto auch schon!

Die  steht auf einem .

Kuno führt Otto auf den höchsten

 auf der .

Die beiden sehen viele  kommen.

Mit ihren Frauen, den Pagen

und Knappen reiten sie

über die Zugbrücke.

Heute ist ein Turnier.

Gestern hat Kuno den 

von  Roland geputzt.

Und auch seinen Schild und seine  .

Auf dem Schild des 

sieht man das Wappen mit dem  .

Die Gäste sind alle da.

Die Frauen haben sich schön gemacht

mit herrlichen  .

Zuerst tanzt der  !

Dann jongliert Otto

mit zwei   und einem .

Wenn Otto dem Bären einen 

zuwirft, wirft ihn der  zurück.

Wirft Otto aber den ,

frisst ihn der  auf.

Die Zuschauer klatschen.

Sie sind begeistert.

Leserätsel

Welches Tier ist in Ritter Rolands Wappen zu sehen?

S Ein Adler

P Ein Elefant

T Ein Löwe

M Eine Maus

Welches Instrument spielt Ottos Mutter?

A Klavier

E Flöte

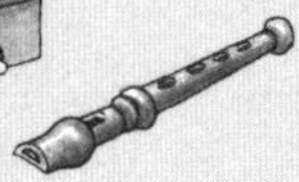

U Fiedel

O Schlagzeug

Womit jongliert Otto? Achtung: Fangfrage!

K Mit Birnen

R Mit zwei Bällen

N Mit Obstsalat

M Mit einem Apfel

Die Buchstaben neben den richtigen Antworten ergeben ein Lösungswort:

— — — —

Das Turnier beginnt

Immer zwei  versuchen,

sich gegenseitig mit ihren 

vom  zu holen.

Jeder Gewinner darf gegen

den nächsten kämpfen.

Wer am Ende übrig bleibt,

gewinnt einen Pokal aus Gold.

 Eckbert ist der Sieger!

Ottos Vater wirbelt -Fackeln

in den Nachthimmel.

Danach gibt es ein Festessen mit

,  und .

Als alle satt sind,

spielt Ottos Mutter auf ihrer Fiedel.

Alle tanzen, bis die  aufgeht.

Am nächsten Tag sagt

 Roland, der -Herr,

zu Ottos Eltern:

„Der Wind ist schon kalt.

Bald friert der -Graben zu.

Bleibt doch zu Gast auf meiner !

Ihr könnt weiter im  wohnen.“

Ottos Eltern sind froh.

Der Winter ist hart und lang.

Und der  braucht seinen Winterschlaf.

Als der erste Schnee fällt,

schläft der  ein.

Otto darf mit Kuno

schreiben lernen.

Der Lehrer ist Pater Konrad.

Die Schule ist die -Kapelle.

Otto bekommt ein leeres ,

ein  und eine .

Kuno lernt von Otto,

mit  zu jonglieren.

Das kann er bald auch gut.

Sie reiten zusammen

auf einem .

Sie sehen dem Schmied zu,

wie er ein  macht.

Sie balgen mit den 

und üben kämpfen.

Als im Frühling die ersten  blühen,

wacht der  wieder auf.

Ottos Vater spannt das 

vor den .

Kuno schenkt Otto sein 

aus Holz zum Abschied.

Bis zum nächsten Mal!

Wörterliste

 Bär

 Kette

 Eimer

 Wasser

 Sonne

 Burg

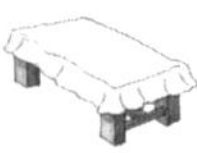 Tisch

 Schüssel

 Löffel

 Wildschwein

 Feuer

 Ritter

 Schwert

 Bett

 Truhe

 Stroh

 Pferd

 Wagen

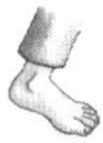 Fuß

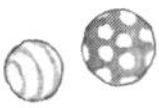 Bälle

 Berg

 Turm

 Helm

 Lanze

 Löwe

 Hüte

 Apfel

 Gänse

 Kaninchen

 Stall

 Buch

 Tintenfass

 Feder

 Hufeisen

 Hunde

 Blumen

Infoseite

Das ist die Burg, auf der Otto wohnt:

Turm
Kapelle
Gefängnis
Zugbrücke

Lösungen

S. 38/39:

Der Bär trinkt Wasser.

In der Küche gibt es Haferbrei.

Otto hat seinen Löffel mitgebracht.

Lösungswort: **TOR**

S. 44/45:

In Ritter Rolands Wappen ist ein Löwe zu sehen.

Ottos Mutter spielt auf einer Fiedel.

Otto jongliert mit zwei Bällen und einem Apfel.

Lösungswort: **TURM**

Kükenalarm auf dem Bauernhof

Eine Geschichte von Ulrike Pohlmann
mit Bildern von Irmtraut Teltau

Lena und die Küken

„Endlich Ferien!“, denkt Lena.

Das  klingelt.

„Die  sind da!“, brüllt Paul

in den Hörer und legt dann auf.

Paul ist Lenas Freund.

Paul wohnt auf einem  .

Paul und Lena gehen zusammen

in die Schule.

Lena schnappt sich ihr  .

Sie fährt damit zum  .

Sie wird von Paul schon

am  erwartet.

„Lass uns gleich nach

den  sehen!“, meint er.

Als Lena in den  kommt,

sieht sie die Küken sofort.

„Oh, wie niedlich!

Wie viele sind es denn?“, fragt sie.

„Zehn“, antwortet Paul.

Zehn flauschige gelbe 

kuscheln unter den 

ihrer Mutter.

Sie sitzen in einer Ecke des .

„Henriette, das hast du

sehr gut gemacht“, lobt Lena.

Der  Alfons beobachtet

stolz seine Kinderschar.

Lena kniet sich ins .

Sie nimmt ein  in die Hand.

Mit der anderen Hand

bedeckt sie das  .

So hat es keine Angst.

Sofort kuschelt es sich hinein

wie in ein Nest.

„Dich nenne ich Pieps“, sagt Lena.

Das  piepst zweimal.

Das heißt: Einverstanden!

Leserätsel

Wer ist Pieps? Male das richtige Bild an.

Was ist richtig? Kreuze an.

- [ ] Paul ist Lenas Bruder.
- [ ] Paul ist Lenas Freund.
- [ ] Lena geht mit Paul zur Schule.
- [ ] Lena geht in den Kindergarten.
- [ ] Pieps ist die Schwester von Lena.

Amanda ist weg!

Paul schaut sich im

 um.

Da stimmt etwas nicht.

Er zählt die  .

„Ein  fehlt!

Amanda ist weg!“,

ruft er aufgeregt.

„Wie, weg?“, fragt Lena.

„Die Tür war doch zu!“

„Ich weiß auch nicht, wie“,

antwortet Paul.

„Aber Amanda ist

mal wieder ausgerissen.“

Amanda, das braune 

mit dem weißen Fleck

auf dem roten , liebt es,

Ausflüge zu machen.

„Wir müssen Amanda suchen“,

sagt Paul.

„Sie hat bestimmt  gelegt!“

Lena meint:

„Vielleicht hat sie sich

in den 

am 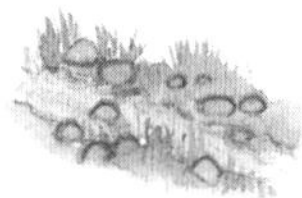 versteckt.

Los, lass uns nachsehen!“

Paul und Lena rennen los.

Sie müssen Amanda finden,

bevor sie dem  begegnet!

Sie suchen das Ufer am  ab.

In jedem  sehen sie nach.

Aber keine  von Amanda.

Amanda ist schlau.

Wo kann sie nur sein?

Leserätsel

Was machen Lena und Paul?

Kreise den richtigen Satz ein.

✎ Lena und Paul spielen am Bach.

✎ Lena und Paul laufen um die Wette.

✎ Lena und Paul suchen Amanda.

✎ Lena und Paul bauen eine Höhle.

Findest du zwölf Unterschiede?

Das Versteck

Auf der Suche nach dem 

klettert Lena die 

zum Heuboden hoch.

Die  ist sehr lang.

Und die  ist alt.

„Vorsicht!“, sagt Paul.

Knarz, macht die erste Sprosse.

Knirsch, macht die zweite Sprosse.

Krach!, macht die dritte Sprosse

und bricht mittendurch.

„Hilfe!“, schreit Lena.

„Keine Panik!“, ruft Paul.

Er klettert auf eine große 

und zieht Lena zu sich herüber.

Dann klettern beide von dort aus

auf den Heuboden.

Paul und Lena plumpsen ins  .

„Puh!“, schnauft Lena.

„Das war knapp!“

„Alles nur wegen Amanda!“, meint Paul.

„Piep, piep!“

„Was war das?“, fragt Lena.

Die Kinder durchwühlen

das  .

Aber keine  von Amanda.

„Was ist denn das?“, fragt Lena

und zeigt auf einen Kasten,

der oben unter dem 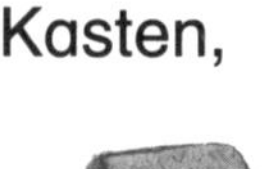 hängt.

„Das ist nur ein alter 

für eine  “, antwortet Paul.

Lena schleicht sich an

den 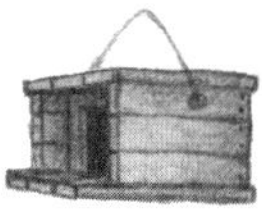 heran.

Ganz leise hebt sie

den Deckel an.

Dort sitzt Amanda und brütet!

Drei  sind

schon aus dem 

geschlüpft!

Paul kommt dazu.

Er sieht, dass Amanda noch

drei  ausbrüten muss.

„Da steckst du also“, lacht Paul.

Er überlegt.

„Heute Nacht schlafen wir

besser hier bei den  “,

sagt Paul.

„Genau. Mit 

und  !“, sagt Lena.

„Aber ich will eine andere  haben!“

„Gut“, sagt Paul.

„Zur Feier des Tages

bekommen alle 

eine Extraportion Körner.“

„Und wir eine Packung  !“

Wörterliste

Handy

Küken

Bauernhof

Fahrrad

Tor

Hühner

Hühnerstall

Federn

Hahn

Stroh

Huhn

Kamm

Eier

Büsche

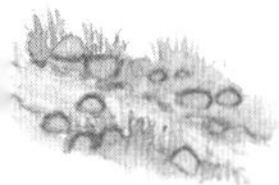
Bach

Fuchs

Busch

Spur

Leiter

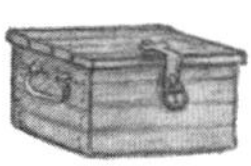
Kiste

Dach

Eule

Nistkasten

Ei

Schlafsack

Taschenlampe

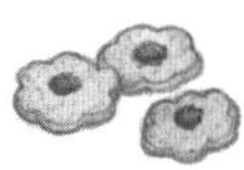
Kekse

Infoseite

Das Haushuhn

Hühner fressen Würmer, Körner und Insekten, die sie aus dem Erdboden scharren.

Männliche Hühner heißen Hahn, die weiblichen Henne.

Die Kinder der Hühner heißen Küken.

Haushühner können 2 kg schwer werden.

Hühner legen Eier. Wenn man dem Huhn das gelegte Ei wegnimmt,
legt es jeden Tag wieder ein neues.
Das Küken wächst im Ei heran.
Die Henne setzt sich drauf und brütet drei Wochen lang. Dann befreit sich das Küken selbst aus der Eierschale.
Schon ein paar Stunden später verlässt es sein Nest für immer und läuft mit seiner Mutter auf dem Hof herum.

S. 64/65:

Pieps ist das Küken.

Paul ist Lenas Freund.

Lena geht mit Paul zur Schule.

S. 70/71:

Lena und Paul suchen Amanda.

Lösungen

Das beste Fahrrad der Welt

Eine Geschichte von Manuela Mechtel
mit Bildern von Gerhard Schröder

Ein besonderes Geschenk

Niko wünscht sich ein  .

Schon lange! Sonst will er nichts.

Keinen , keinen neuen ,

nur ein  .

Gestern war sein Geburtstag.

Auf dem  stand ein  .

Aber kein einziges  .

Niko hat sich gewundert.

Er hat die sieben 

auf seinem  ausgepustet.

Dann sollte er die  zumachen.

Und plötzlich stand vor ihm

ein nagelneues .

Mit einem  und mit 21 Gängen!

Am  baumelte dann

auch noch ein .

Darin war ein feuerroter .

Niko hat sich gefreut.

So tolle !

Sein Papa hat ihm stolz

das tiefe Profil der 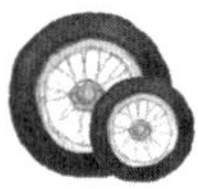,

die  und die Federung

unter dem  gezeigt.

„Damit kannst du über 

und  fahren“,

hat er gesagt.

Genau das übt Niko heute.

Der feuerrote  sitzt

fest auf seinem  .

Wenn er den  hochreißt,

springt das  .

Die Kunst dabei ist,

nicht aus dem  zu fliegen.

Niko fährt in den  .

Den steilen  dorthin

schafft er im 3. Gang.

Leserätsel

Wie alt war Niko vorgestern?

S 7 Jahre

P 6 Jahre

T 8 Jahre

Was setzt sich Niko auf den Kopf?

A Einen Hut

E Einen Fahrradhelm

O Eine Krone

U Ein Vogelnest

Das Mountainbike von Niko hat

D einen Tacho.

N einen Kofferraum.

T einen Motor.

A eine Federgabel.

R ein Ruder.

L eine Gangschaltung.

Die Buchstaben neben den richtigen Antworten ergeben ein Lösungswort:

_ _ _ _ _

Was ist das?

Ein R _ _ _ _ _ P _ _ _ _ L.

Niko macht das schon

Im  sieht Niko

seinen Nachbarn Udo.

Er geht mit seinem  spazieren.

Niko tritt in die .

Kleine  spritzen zur Seite,

als er anhält.

Udo fällt das neue 

gar nicht auf.

„Lilo ist weg“, sagt er aufgeregt.

Er holt sein  aus der Tasche.

Dabei rutscht ihm die

 aus der .

„Fido!“, schreit Udo.

So heißt der .

Wie eine  zischt

Fido den  entlang.

„Jetzt haut auch noch der  ab“,

stöhnt Udo.

„Ich mach das schon!“, ruft Niko.

Er sprintet mit seinem 

hinter dem  her.

Fido hat einen ganz schönen

 drauf.

Der  zeigt schon 20 km/h!

Aber da biegt der 

auf einen schmalen  ab.

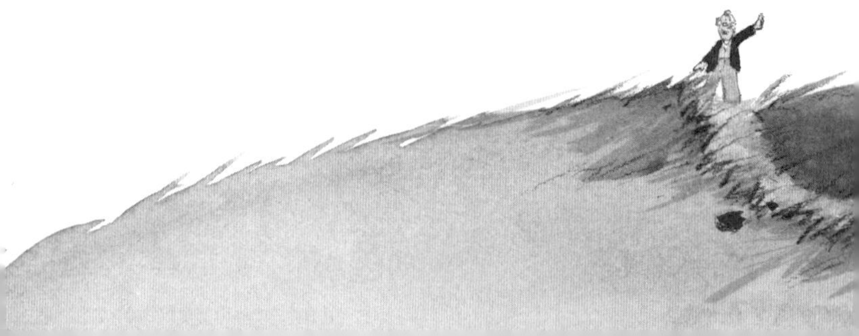

Niko bremst und flitzt,

so schnell er kann, hinterher.

Morsche  zerbrechen

unter seinen ,

als er darüber fährt.

Der  bellt. Aber wo?

Niko hat ihn aus den  verloren.

Leserätsel

Wen trifft Niko im Wald?

☐ Uli ☐ Udo

☐ Ida ☐ Ali

Wer ist hier verborgen?

Male alle Felder mit einem Punkt aus.

Was zeigt ein Tacho an?

- A Die Uhrzeit
- I Die Temperatur
- O Die Geschwindigkeit
- E Das Gewicht von Niko
- U Die Jahreszeit

Trage den Buchstaben neben der richtigen Antwort ein: Fidos Frauchen heißt LIL ☐.

Wie kommt Niko zu Fido?

Gerettet!

Niko folgt dem Bellen von Fido.

Ein umgekippter  liegt

mitten auf dem .

Niko springt mit dem  darüber.

Die  federt den Sprung gut ab.

Dann hört Niko eine Stimme: „Fido!“

Der  macht eine Kurve.

Niko bremst scharf!

Lilo liegt auf dem Boden.

Der  hört auf zu bellen.

„Was für ein Glück,

dass du kommst, Niko!

Ich bin beim Joggen

über einen  gestolpert.

Mein 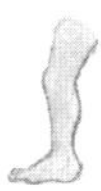 hat laut gekracht

und mit dem  bin ich

auf einen  gefallen“, erzählt Lilo.

Sie hat eine Beule am .

Vorsichtig fasst sie

mit der  daran.

„Dann weiß ich nichts mehr.

Ich bin aufgewacht,

als mein  geklingelt hat.

Irgendwo da.“

Lilo zeigt auf die .

In dem Moment klingelt es wieder!

Fido saust in die .

Niko lacht, als der 

mit dem  im Maul zurückkommt.

Lilo nimmt es in die .

Udo ist dran.

„Ich bin im  hingefallen,

Liebling“, sagt Lilo.

„Mein  ist gebrochen.

Aber Niko ist bei mir.

Und der !“

Udo ruft sofort einen  .

Niko fährt zurück zu Udo.

So schnell er kann.

Durch den ,

über  und ,

die  fest am  .

Dann führt er Udo und die 

zu der Stelle, wo Lilo mit Fido wartet.

Die  legen Lilo

auf eine  .

„Ohne Niko und sein 

hätte ich dich nie gefunden“,

sagt Udo erleichtert.

„Auch nicht ohne diesen klugen  “,

lächelt Lilo.

Stolz nimmt Niko die 

in die 

und steigt auf sein  .

Wörterliste

 Mountainbike

 Fußball

 Gameboy

 Tisch

 Geburtstagskuchen

 Geschenk

 Geschenke

 Kerzen

 Augen

 Tacho

 Lenker

 Fahrradhelm

 Reifen

 Federgabel

 Sattel

 Stock

 Stöcke

 Stein

 Steine

 Kopf

 Wald

 Weg

 Hund

 Pedale

 Handy

 Hundeleine

 Hand

 Hände

 Rakete

 Zahn

 Baumstamm

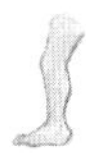 Bein

 Büsche

 Notarztwagen

 Sanitäter

 Trage

Infoseite

So sieht das Mountainbike von Niko aus:

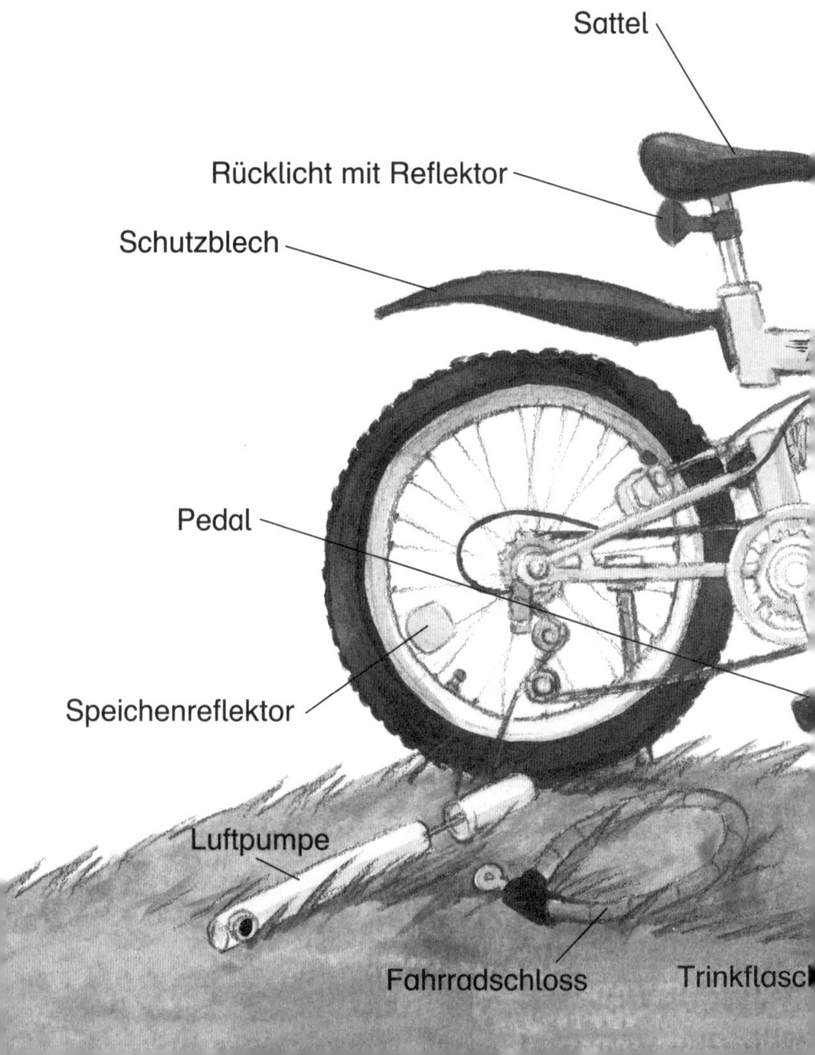

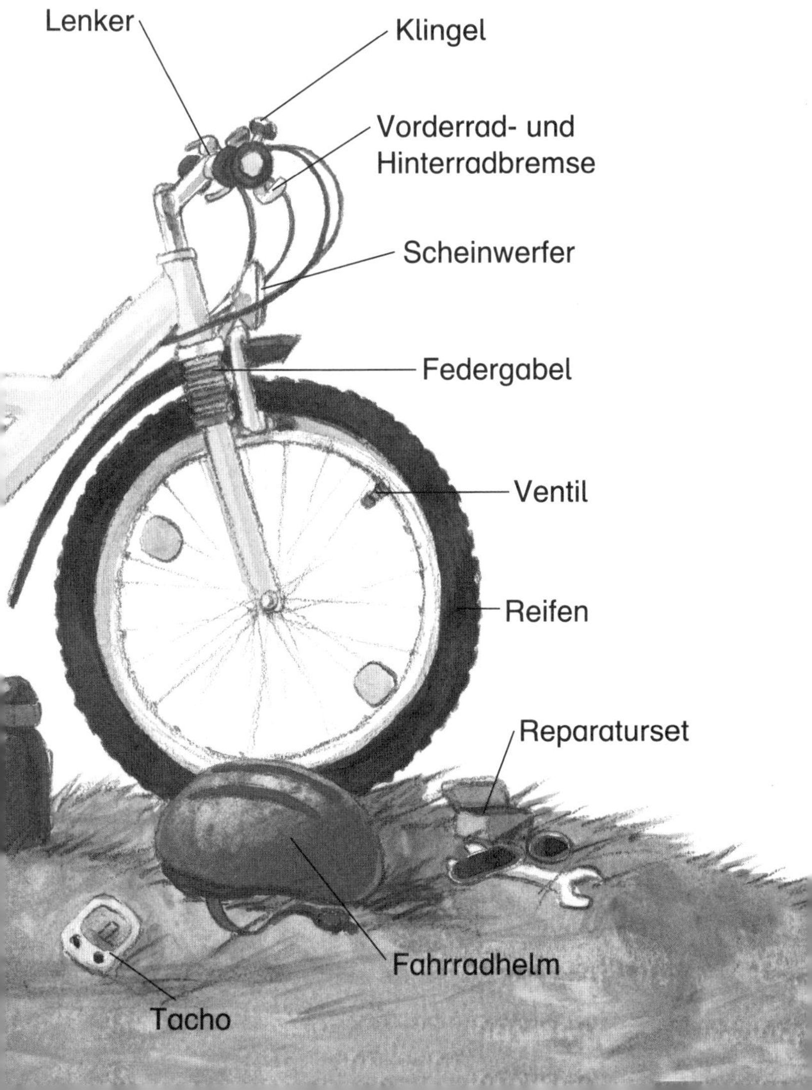
Lenker
Klingel
Vorderrad- und
Hinterradbremse
Scheinwerfer
Federgabel
Ventil
Reifen
Reparaturset
Fahrradhelm
Tacho

Lösungen

S. 90/91:
Vorgestern war Niko 6 Jahre alt.
Niko setzt sich einen Fahrradhelm auf den Kopf.
Das Mountainbike von Niko hat einen Tacho,
eine Federgabel und eine Gangschaltung.
Lösungswort: **PEDAL**
Ein **REIFENPROFIL**

S. 96/97:
Niko trifft Udo im Wald.
Fido ist auf dem Bild.
Der Tacho zeigt
die Geschwindigkeit an.
Fidos Frauchen heißt **LILO**.

Lesespaß für kleine und große Pferdefans

Lesen lernen in kleinen Schritten: Drei spannende und leicht verständliche Geschichten für Erstleser und Erstleserinnen erzählen von Conni und ihrem Pferd Flecki, von einem Ausflug im Galopp und von Janko, dem kleinen Wildpferd.

Lieblingsgeschichten für Leseanfänger – Geschichten verstehen ohne perfekt lesen zu können!

Boehme/Gersmeier/Wiese
Freche Pferdegeschichten zum Lesenlernen
80 Seiten
Taschenbuch
ISBN 978-3-551-31914-2

CARLSEN

www.carlsen.de